AF611409

NOTES

SUR LA

RECTIFICATION DES NOMS ARABES

DES ANCIENS ROIS D'ÉGYPTE

ACCOMPAGNÉES D'UNE NOTICE EXPLICATIVE DE QUELQUES COUTUMES

PAR

AHMAD KAMAL

CONSERVATEUR-ADJOINT AU MUSÉE DU CAIRE

Communication faite à l'Institut Égyptien dans la séance du 2 mars 1903.

LE CAIRE

IMPRIMERIE NATIONALE

1904

NOTES

SUR LA

RECTIFICATION DES NOMS ARABES

DES ANCIENS ROIS D'ÉGYPTE

ACCOMPAGNÉES D'UNE NOTICE EXPLICATIVE DE QUELQUES COUTUMES

PAR

AHMAD KAMAL

CONSERVATEUR-ADJOINT AU MUSÉE DU CAIRE

Communication faite à l'Institut Égyptien dans la séance du 2 mars 1903.

LE CAIRE

IMPRIMERIE NATIONALE

1904

NOTES

SUR

LA RECTIFICATION DES NOMS ARABES

DES ANCIENS ROIS D'ÉGYPTE

ACCOMPAGNÉES D'UNE NOTICE EXPLICATIVE DE QUELQUES COUTUMES

La déformation des noms des anciens rois d'Égypte, faite par les chroniqueurs arabes, m'a déterminé à entreprendre un travail d'identification de ces noms avec ceux donnés par les auteurs classiques ou consignés par les monuments.

J'expose dans cette étude la classification des rois par les auteurs arabes, la dérivation de certains noms et la corruption d'autres noms.

M. Maspero m'a précédé dans ce travail ; il a démontré pour quelques rois la manière dont leurs noms ont été dénaturés [1].

Je profiterai de l'occasion de cette étude pour rechercher aussi l'origine de certaines pratiques encore en vigueur actuellement, étude dans laquelle m'a devancé M. Berthelot en donnant l'explication de certains actes de prestidigitation chez les anciens Égyptiens et que le peuple considérait comme des faits magiques.

Les chroniqueurs arabes nous ont fait connaître les sources auxquelles ils ont puisé leurs renseignements.

Maçoudé les a empruntés aux cahiers des anciens prêtres, aux livres des Égyptiens ou aux papiers des Coptes, à leurs traditions ou à leurs croyances pour une moitié au moins, et le reste aux archives officielles du Pays [2].

1. *Journal des Savants*, février, mars, mai, 1899.
2. *Journal des Savants*, février, 1899, p. 70.

Maqrizi a recueilli pendant de longues années quantité de notes utiles, dans des ouvrages rares[1]. Cependant, Mourtadi, dont il n'existe qu'une traduction française, n'a signalé aucun des ouvrages auxquels il avait emprunté son histoire *Les merveilles d'Égypte*[2].

Il faut donc, pour arriver à connaître les sources réelles auxquelles ces écrivains ont puisé les matériaux de leurs annales, faire des recherches minutieuses dans les listes manéthoniennes, dans les inscriptions des monuments, dans les livres des rois, par Lepsius, par Brugsch et Bouriant, ainsi que dans les auteurs arabes[3] et classiques. C'est ce que j'ai fait ; j'ai obtenu le résultat suivant :

Maqrizi nous donne une grande série des rois, empruntée, d'après ma constatation, à la liste d'Eusobus Armen, un des compilateurs de Manéthon. Cette série comprend trente-quatre rois constituant les neuf dernières dynasties, à partir du roi Smendès jusqu'à Nectanebo II.

L'identification de ces rois est donnée dans une liste annexée au présent travail.

Quelques noms de rois ont été pris par les chroniqueurs arabes aux auteurs classiques tels que Menaos, qui est la transcription exacte de Mnèvis de Diodore, premier Pharaon connu des monuments ; d'autres ont été fidèlement donnés selon leur origine égyptienne tels

1. Maqrizi, traduction U. Bouriant, préface p. VIII.

2. Le manuscrit arabe de Mourtadi se trouvait dans la bibliothèque de feu le Cardinal Mazarin. Il a été traduit en français par M. Pierre Vattier, docteur en médecine, et publié à Paris en MDCLXVI.

3. Les ouvrages arabes dont j'ai recueilli les noms des rois sont :

١ ديوان جمعه أبو عمر محمد بن يوسف الكندى فى خطط مصر وآثارها وذكر أسبابها
٢ المختار فى ذكر الخطط والآثار للقاضى أبو عبد الله بن سلامه القضاعى مات سنة ٤٥٧
٣ كتاب فى الخطط الجيزة أبو عبد الله محمد بن بركات النحوى
٤ كتاب النقط بعجم ما أشكل من الخطط للشريف بن أسعد الجوانى
٥ ايعاظ المتأمل وايقاظ المتغفل فى الخطط للقاضى تاج الدين محمد بن عبد الوهاب بن المتوج
٦ كتاب الروضة البهية الزاهرة فى خطط المعزية القاهرة للقاضى محى الدين عبد الله بن عبد الظاهر
٧ هورتشين الاندلسى فى وصف الدول والحروب
٨ كتاب لابن وصيف شاه الكاتب

que Marcorà et Camos ; les noms du reste des rois ont été transcrits d'après les traditions.

C'est cette dernière partie qui me paraît très difficile parce que la plupart des noms y mentionnés sont dénaturés et ne correspondent point à ceux des monuments. Ce n'est que par la comparaison des faits historiques et rarement par l'assonance que je suis arrivé à reconnaître quelques-uns d'entre eux, les autres, qui sont méconnaissables, semblent dériver des narrations les moins égyptiennes en apparence et découler directement des idées religieuses et des mœurs de l'Egypte pharaonique.

M. Maspero dit à ce sujet que les traditions égyptiennes sont arrivées aux écrivains arabes par des séries d'ouvrages intermédiaires : des livres écrits en grec où les singularités et l'histoire fabuleuse de l'Egypte étaient racontées, des traductions coptes des livres grecs ou les textes originaux étaient enrichis de légendes et de miracles nouveaux[1]. Je ne puis que me rallier à l'avis de ce savant égyptologue, car on trouve dans les annales arabes quelques récits et quelques noms dénaturés qui venaient, soit d'une source religieuse quelconque, soit d'une source égyptienne. Ce cas se présente :

1° Pour le nom du premier roi égyptien : il est nommé Neqraôs, et ce nom est tiré de Narakò, cité dans l'histoire byzantine comme on le verra plus loin.

2° Pour le récit de Charobe, donné par Mourtadi, il a été pris d'une source égyptienne, mais dénaturé (Voir ce récit sous le nom de Teotis).

1. MASPERO, *Journal des Savants*, p. 70 et 86.

LA LISTE DES PHARAONS D'APRÈS LES CHRONIQUES ARABES

Rois ayant régné avant le déluge.

N° d'Ordre	NOMS DES ROIS	OBSERVATIONS
1	Necraosh .... نقراوس (م ١٢٩–١٣٠)	ou Craosh قراوش (ض ١٠٧) fils de Misraïm, fils de Racaïl, fils de Dawabil, fils d'Arian, fils d'Adam, fonda l'Egypte et lui donna le nom de son fils Misraïm. Il la partagea entre ses enfants, en donnant la partie occidentale à son fils aîné Necaos et la partie orientale à son fils Chroub شرب.(1)
2	Necaosh .... نقاوش (م ١٣٠)	ou Tegares (ض ١٠٧) تجارس frère du précédent.
3	Misraïm .... مصرايم (م ١٣٠)	ou Mesram (ض ١٠٧) مصرام
4	Icam .... عيقام (م ١٣١)	l'un des fils d'Iriab. Mourtadi l'appelle Ancam (ض ١٠٧) عنقام.
5	Iriac .... عرياق (م ١٣١)	ou Iriac ارياق appelé aussi Athim أثيم et Garia (ض ١٠٧).
6	Logim le Jeune.... لوجيم (م ١٣١)	l'un des fils de Necraos le Géant, Mourtadi l'appelle Louchanam (ض ١٠٧).
7	Khaslim.......... خصليم (م ١٣١)	ou Chasalim (ض ١٠٧) خصاليم l'un des fils du précédent.
8	Hosal .... هوصال (م ١٣١)	ou Bousal, ou Harsal — (ض ١٠٨) Soumal بوصال – صومال fils de Logim, descendant de Necraôsh نقراوش, il eut 20 enfants entre lesquels il partagea le pays et dont le fils suivant fut nommé roi.
9	Tadorsan ou Tadersan تدرشان (م ١٣١)	(Mourtadi l'appelle Jadousac) frère de (ض ١٠٨).
10	Némerod .... نمرود (م ١٣٢)	ou Semrord ou Semrod نمرود. fils de Hosal.

(1) م est mis pour Maqrizi, ض pour Mourtadi.

Rois ayant régné avant le déluge (*Suite*).

N° d'Ordre.	NOMS DES ROIS	OBSERVATIONS
11	Tomidon........... توميدون (م ١٣٢)	neveu du précédent (Mourtadi l'appelle Iosedon (ض ١٠٨).
12	Sheriac............ شرياق (ض ١٠٨)	ou Soriac سرياق fils de Tomidon, fils de Taderson, fils de Hosal, qui eut pour successeur son fils nommé
13	Shahlouc........... شهلوق (ض ١٠٨) م ١٣٢	père de
14	Saurid............. سوريد (ض ١٠٨) م ١٣٢	père de Hargib, frère de Hawit et oncle de Crosès.
15	Hargib .... هرجيب (ض ١٠٨) م ١٣٣	ou Hardjib, Houdjit, Houdjib (CARRA DE VAUX, l'*Abrégé des Merveilles*, p. 28 note 2).
16	Menaos............. منارس (ض ١٠٨) م ١٣٣	ou Meneaosh منقاوش père de
17	Afros, Afraous ..... أفروس (م ١٣٤)	ou Eeros افروس (ض ١٠٨) (CARRA DE VAUX *Abrégé des Merveilles*, p. 23). Après cela, cette succession de père en fils, dit Mourtadi Ben Aphiphe (Traduction P. Vattier, p. 108), demeura interrompue, ce qui obligea les Egyptiens de prendre pour eux un certain homme de la maison royale, nommé Ermelinos, et après lui Pharaan فاران qui donna son nom aux Pharaons.
18	Armalinos.......... أرماليتوس (ض ١٠٨) (م ١٣٤)	qui eut pour successeur son cousin nommé
19	Frân .... فرعان (ض ١٠٨) م ١٣٤	fils de Miswar مصور.

Rois ayant régné après le déluge.

N° d'Ordre.	NOMS DES ROIS	OBSERVATIONS
20	Bésar.............. بيصر (م ١٣٤)	ou Masar (ض ١٠٨) مصار fils de Cham, fils de Noé, qui habita Memphis, première ville peuplée après le déluge. Il eut pour successeur son fils

Rois ayant régné après le déluge (*Suite.*)

Nos d'Ordre	NOMS DES ROIS	OBSERVATIONS
21	Misraïm .... مصرايم (م١٣٥-١٣٦)	qui avait bâti la ville Darsan درسان actuellement Arish عريش et la ville de Râkotis رقوده il eut pour successeur son fils
22	Coptim .... قبطيم (م ١٣٦)	Il avait trois frères: Ashmoum أشموم, Atrib أتريب, Sa صا et quatre fils qui sont: Caphtrim قفطريم, Ashmoun أشمون, Atrib أتريب, Sa صا qui eurent chacun leur apanage.
23	Ashmoun .... أشمون (م ١٣٦)	frère du précédent.
24	Atrib .... أتريب (م١٣٦)	frère du précédent.
25	Sa .... صا (م ١٣٦)	frère du précédent.
26	Tadras .... تدراس (م ١٣٦)	fils de Sa صا.
27	Malic .... ماليق (م ١٣٦)	fils de Tadras تدراس.
28	Malic-el-Bodesira .. (م ١٣٦ – ١٣٧) ماليق البودسيرا	père de
29	Arelimon .... أرقليمون (م ١٣٧)	qui avait recommandé à son peuple de désigner pour successeur
30	Adim .... عديم (م ١٣٧)	fils de Cophtim, qui essaya pour la première fois de mettre à mort tout criminel par strangulation.
31	Shaddat .... شدات (م ١٣٧)	nommé vulgairement Shaddad fils de Ad[1], fils du précédent.

1. La strangulation a été signalée, comme punition égyptienne, par la stèle N° 158, où Amenophis II dit avoir fait prisonniers sept chefs syriens. Il en a pendu six devant le mur de Thèbes et le septième à Napata, en Nubie, pour servir de leçon aux Ethiopiens. (Voir *Guide du Musée*, p. 60, N° 158, 1902).

Rois ayant régné après le déluge (*Suite*).

Nos d'Ordre	NOMS DES ROIS	OBSERVATIONS
32	Meneaosh .... منقاوش (م ١٣٧)	fils de شداد Shaddat. D'après la chronique de Mourtadi, Meneaos eut pour successeurs les rois suivants : 1° Casaos قساوس 2° Marbis مربيس 3° Asmar أسمر 4° Sirin سرين 5° Elsabas السباس 6° Sa صا 7° Malil ماليل 8° Hadares هدارس 9° Cheribas شرباص et Calcan كالكن
33	Adim.............. عديم (م ١٣٧)	fils de Meneaos منقاوش, Il eut pour successeur son fils
34	Menaosh.......... مناوش مقريزي (ص ١٣٧ – ١٣٨)	frère du précédent. Il eut pour successeur son fils
35	Hermès .... هرمس (م ١٣٨)	
36	Ashmoun .... أشمون (م ١٣٨)	qui eut pour successeur son fils
37	Sa .... صا (م ١٣٨)	qui eut pour successeur son fils
38	Tedras............ تدراس (م ١٣٨)	
39	Menaciosh .... مناقيوش (م ١٣٨)	qui eut pour successeur son fils
40	.................?	
41	Marcoreh .... مرقوره (م ١٣٨)	
42	Blatis............. بلاطيس (م ١٣٨)	qui eut pour successeur son oncle
43	Atrib.............. أتريب (م ١٣٨)	fils de Misraïm, qui eut pour successeur sa fille
44	Tadrorah .... تدروره (م ١٣٨–١٣٩)	
45	Climon .... قليمون (م ١٣٩)	frère de la précédente et fils, par conséquent, d'Atrib.

Rois ayant régné après le déluge (*Suite*).

N° d'Ordre	NOMS DES ROIS	OBSERVATIONS
46	Ferson .... فريسون (م ۱۳۹)	fils de Climon, qui eut pour successeurs quatre rois inconnus.
47-50	................?	
51	Sa .... صا (م ۱۳۹)	fils de Coptim.
52	Nounieh .... نونيه (م ۱۳۹)	prêtresse.
53	Marconis.......... مرقونس (م ۱۳۹)	qui eut pour successeur son fils
54	Issad .... ايساد (م ۱۳۹)	» » »
55	Sa .... صا (م ۱۳۹)	» » »
56	Tedras .... بدراس (م ۱۳۹)	» » »
57	Malic............. ماليق (م ۱۳۹ — ۱٤۰)	» » »
58	Khariba .... خريبا (م ۱٤۰)	ou Hazaba حزابا ou Haraya حرايا
59	Calcali .... كلكلى (م ۱٤۰)	ou Calcan كلكن Cali, كالى fils du précédent.
60	Malia ou Balia .... ماليا آو باليا (م ۱٤۰)	frère du précédent, tué par son fils. Il est fils de Haraïla. Règne des Amalécites (Hyksos) qui comprend sept pharaons:
61	Senan I .... سنان (م ۱٤۱)	fils d'El-Ashl الاشل. On dit qu'il est de la lignée d'Alwan علوان, fils d'Obeid عبيد, fils d'Olag عوج fils de Imlac عملاق fils de Lawoz لاوذ fils de Sam سام fils de Noé. On dit aussi qu'il est fils du prêtre Sélani صليم الكاهن.
62	El Walid II....... الوليد (م ۱٤۱)	fils de Domâ, l'amalécite, ou d'Amaseh اماسيش الكاهن.
63	El Rayan III ..... الريان (م ۱٤۰ — ۱٤۱)	fils de Walid, Pharaon de Joseph appelé par les Coptes Nehraosh نهراوش.

Rois ayant régné après le déluge (*Suite*).

N° d'Ordre	NOMS DES ROIS	OBSERVATIONS
64	Darem IV .... دارم (م ١٤١)	fils de Rayan, appelé par les Coptes Drimos درعوش.
65	Maàdius V........ معادیوس (م ١٤٢)	ou Maàdan معدان.
66	Axias VI.......... اكسياس (م ١٤٢)	ou Axamès أكسامس, Casem كاسم Càshem كاشم
67	Latis .... لاطيس (م ١٤٢)	fils de Maàdan, fils de Drimos, fils du précédent.
68	Zolma VII........ ظلما (م ١٤٢)	fils de Comès قومس Pharaon de Moïse. On dit qu'il est fils de Walid, fils Mosàb مصعب.
69	Totis .... (م ١٤٠ — ١٤١) طوطيس	ou Lotis, fils Balia, qui eut pour successeur sa fille
70	Goriac............ جورياق (م ١٤١)	ou Horia حوريا ou Charoube شاروب.
71	Mâmoum .... ماموم (م ١٤١)	reine qui eut pour successeur la cousine de Goriac.
72	Zolfa .... زلفى (م ١٤١)	Masoudi, raconte qu'après le règne de Mâmoum, les fils de Bèsar, se multiplièrent en Egypte et se divisèrent en tribus. Ils furent gouvernés par des femmes ; ce qui leur attira l'ambition des rois du monde. Un roi amalécite venant de la Syrie et appelé El Walid, fils de Domâ, régna en Egypte et eut pour successeur El-Rayan, fils de Walid l'amalécite, Pharaon de Moïse, lequel eut pour successeur une série des rois dont voici les noms: Darem دارم fils de Rayan ريان l'amalécite, Kamès كامس fils de Maàdan l'amalécite. Walid وليد fils de Mosàb, connu sous le nom de Zolma ظلما et qui était le Pharaon de Moïse.

Rois ayant régné après le déluge (*Suite*).

N° d'Ordre	NOMS DES ROIS	OBSERVATIONS
		Dalouka دلوكه. Darcosh دركوش fils de Melatis ملاطس. Noresh نورش fils de Darcos. Lakesh لقش fils de Nores, 20 ans. Desa دسا fils de Nores, 40 ans. Melotesh ملوطش fils du précédent, 20 ans. Mecakil, le boiteux مكاكيل الاعرج qui conquit Jérusalem et fit la guerre contre les Israélites. Merinos مرينوس, 80 ans. Comès قومس fils de Jecas, 10 ans. Camil كاميل qui fit la guerre contre Nabuchodonosor.
73	Ayman .... أيمن (م ١٤١)	
74	Atfin .... اطفين (م ١٤١)	un homme de la famille de Rayan.
75	Daloukeh .... دلوكه (م ١٤٢)	fille de Zeba ou de Faran,
76	Darcon .... دركون (م ١٤٣)	ou Darcos دركوش fils de Belatis بلاطس (ملوطش)
77	Toresh .... تورش (م ١٤٣)	ou Toudest تودست fils du précédent.
78	Adeash .... أدقاش (م ١٤٣)	fils de Lakes لقس.
79	Merina .... مرينا (م ١٤٣)	frère du précédent. Ils étaient les fils de Merinos مرينوس
80	Astadès .... استادس (م ١٤٣)	ou de Desa دسا, fils de Merina مرينا.
81	Belotis .... بلوطس (م ١٤٣)	fils de Minakil مناكيل.
82	Malos .... مالوس (م ١٤٣)	fils du précédent. Il est autrement nommé ملوطيس Melotis, qui eut pour successeur son frère.

Rois ayant régné après le déluge (*Suite*).

N° d'Ordre	NOMS DES ROIS	OBSERVATIONS
83	Minakil .... مينا كيل (م ١٤٣)	fils de Malotis مالوطيس fils de Minakil, مينا كيل, On dit que ce dernier est Mekakil le boiteux.
84	Nouleh .... نوله (م ١٤٣)	fils du précédent qui pilla le roi de Jérusalem.
85	Marinos .... مرينوس (م ١٤٣)	ou Merinos مرينوس fils du précédent.
86	Carcora.......... قرقورد	frère du précédent.
87	Necas .... نقاس (ص ٣٩ جزء أول مقريزى)	ou Lecas لقاس qui eut pour successeur son fils
88	Comis .... قومبس	ou Comes قومس qui fit la guerre contre Nabuchodonossor.
89	Nousherdes .... نوشردس (م ١٤٣)	qui régna après le naufrage de Moïse.
90	Beroubeh .... بروبه (م ١٤٣)	Le premier roi qui guerroya contre les Romains. On dit que les rois de Médian avaient gouverné l'Egypte 500 ans durant, et c'était après le naufrage de Moïse et la mort de Dalouka. C'est Salomon qui les chassa de l'Egypte et les Coptes y devinrent ensuite rois absolus Ces rois coptes sont au nombre de vingt-sept. Ils sont décrits dans les pages 143 à 144 de Maqrizi. Voici leurs noms :
91	Dioscalita .... ديوسقاليطا (م ١٤٣)	
92	Samanadous .... سمانادوس (م ١٤٣)	
93	Somanes .... سوماس (م ١٤٣)	
94	Mefekhras .... نقفراس (م ١٤٣)	

Rois ayant régné après le déluge (*Suite*).

Nº d'Ordre	NOMS DES ROIS	OBSERVATIONS
95	Amanafonas أمانافوناس (م ١٤٣)	
96	Ashoris أمحوريس (م ١٤٣)	
97	Fsinakhes فسيناخس (م ١٤٣)	
98	Fesouçanes فسوسانس (م ١٤٣)	
99	Mesounakhouses مسوناخوسس (م ١٤٣)	
100	Asalion أساليون (م ١٤٣)	
101	Tafalounis طفالونيس (م ١٤٣)	
102	Natafanasteles نطفاناسطلس (م ١٤٣)	
103	Asarathon اساراثون (م ١٤٣)	
104	Fasamers فسامرس (م ١٤٣)	
105	Aofaïnois اوفاينواس (م ١٤٣)	
106	Sebakor سباقور (م ١٤٣)	
107	Sekhes l'éthiopien نخس الحبشى (م ١٤٣)	
108	Trahosh l'éthiopien طراحوش الحبشى (م ١٤٣)	
109	Amras l'éthiopien امراس » (م ١٤٣)	
110	Stitafinias استطافيفياس (م ١٤٣)	
111	Bakhfasous باخفاسوس (م ١٤٣)	

Rois ayant régné après le déluge (*Fin*).

N° d'ordre	NOMS DES ROIS	OBSERVATIONS
112	Jakho .... ياخو (م ١٤٣)	
113	Fesmamlitiços ..... فسماملیطیقوس (م ١٤٣)	
114	Bahnouka .... بخنوقا (م ١٤٣)	
115	Fsamertas......... فسامرتاس (م ١٤٣)	
116	Oifrès .... وافرس (م ١٤٤)	
117	Amasles .... أماساس (م ١٤٣)	
		Règne de cinq rois de Babylone.
118	Amartios .... أمرطيوش (م ١٤٤)	
119	Mafertas .... مافرطاس (م ١٤٤)	
120	Aokheres .... أوخرس (م ١٤٤)	
121	Fsamot .... فساموت (م ١٤٤)	
122	Menatos .... مناطوس (م ١٤٤)	
		Règne de trois rois de l'Assyrie.
123	Mafatambos .... نافاطانبوش (م ١٤٤)	
124	Tos............... طوس (م ١٤٤)	
125	Nafataninas .... نافاطانيناس (م ١٤٤)	qui eut pour successeur Alexandre le Grand.

N° 1.

Necraosh, ou simplement *Craosh*, selon Mourtadi, est le premier roi d'Egypte, nommé *Ναραχώ* = Narakho chez les Byzantins[1]. Maspero dit qu'il est de provenance égypto-grecque et le rapproche de Nakhèros, Nakhàr, Narakhôs. Un Nakhèrôs a son rôle dans le roman alexandrin de Moïse et un Nakhâr ou Narakhô est indiqué par les chronologistes chrétiens comme étant le successeur de Sésostris[2]. Néqraous le Géant, fuyant l'hégémonie des enfants de Caïn, avait colonisé la vallée avec soixante-dix et quelques cavaliers descendants d'Arbâk, et il y avait exercé la royauté[3].

N°s 21 et 22.

N° 21. Misraïm est le nom de l'Egypte en hébreu, Muzur en assyrien, Mudira en perse[4].

» 22. Coptim = = *Coptos.*

» ... Coptarim.

» 23. Ashmoun = *Hermopolis.*

» 24. Atrib = *Athribis.*

» Sa = *Saïs.*

Maqrizi rapporte une curieuse tradition qui démontre, d'après des données purement légendaires, l'opinion qu'on a eue de tout temps de l'ancienneté des quatre villes: Coptos, Hermopolis, Athribis et Saïs.

Misraïm qui, après le déluge, avait choisi pour sa demeure et pour celle de ses descendants tout le pays d'Egypte, laisse un fils appelé Coptim qui eut quatre enfants : Coptarim, Ashmoun, Atrib, Sa.

1. Malala, *Chronicon.*, p. 59.
2. Maspero, *Journal des Savants*, mars 1899, p. 164.
3. Carra de Vaux, *l'Abrégé des Merveilles*, p. 173-174.
4. Brugsch, *Geschichte Aegyptens.*, S. 16.

Il divisa entre eux l'Egypte en quatre parties égales. Coptim eut le pays qui s'étend depuis Assouan jusqu'à la ville de Coptos. Il donna à Ashmoun toute la partie comprise entre la ville de Coptos et celle de Menouf. Atrib eut en partage le ventre de l'Egypte, qui est ce que nous appelons le Delta, et Sa eut toute la contrée comprise entre la province de Béhéra et la Barbarie inclusivement. Chacun d'eux fit bâtir dans ses états une ville à laquelle il donna son nom[1].

Mourtadi nous raconte ce fait peu différemment. Voici comment il s'explique : Sur la prière de Philemon, Noé maria son petit-fils Misraïm avec la fille du premier. Celle-ci eut un fils qu'elle appela Maçar[2]. Sur le désir de son grand-père, Philemon, Noé laissa partir ce fils pour l'Egypte. Là, il épousa une femme de la race des prêtres; il en eut un fils qu'il nomma Coptim et qui devint le père des Coptes[3]. Il épousa ensuite une autre femme dont il eut pour fils Coptarim, Ashmoun et Atrib. Ils peuplèrent la terre d'Egypte et leurs villes furent appelées de leurs noms respectifs[4].

Cette tradition, sans la petite différence qui existe entre Maqrizi et Mourtadi et qui provient de fautes d'orthographe et d'omissions, semble confirmer l'opinion que les quatre villes sont, en effet, des plus anciennes que nous connaissions d'après les monuments remontant aux premières dynasties[5].

La tradition arabe n'est pas d'ailleurs la seule de son espèce, car M. de Rougé à constaté, au cours de ses recherches sur les six premières dynasties (p. 4-8), que Misraïm avait selon la Genèse (X, 13) quatre fils qui ont laissé une véritable trace en Egypte. Ce sont :

Loudim = qui personnifie les égyptiens.

1. Maqrizi, Edit. arabe, p. 135-136.

2. Maspero (*Journal des Savants*, mars 1899, p. 156). dit que Misraïm s'est réduit à Mizr, Shemoun est un décalque de Simon le magicien. Khoslim et Loudjin paraissent se confondre avec deux des fils que l'Ecriture Sainte assignait à Misraïm. Khasloukhim et Loudim, et Koftarim est sans doute le Cophtorim de la même généalogie.

3. Maspero (*Journal des Savants*, mars 1899, p. 157). dementit cette généalogie en faisant observer que Αἰγύπτιος l'appellation officielle donnée aux sujets indigènes des grecs et romains sonnait Koot, Koft, Kopt comme le mot Coptos et l'identité de prononciation, fait croire à l'identité d'étymologie.

4. Mourtadi, *Traduction* de P. Vattier, p. 114-117.

5. C'est une tradition qui fait venir, selon Maspero (*Hist. Anc.*, p. 11, 1886), les Egyptiens d'Asie par l'isthme de Suez et qui était connue des auteurs classiques.

Ananim = [hieroglyphs] qui représente la tribu des Anou, fondatrice de Héliopolis et de Hermonthis.

Patrosim = [hieroglyphs] ~~ville de Phtah (Memphis)~~. La thébaïde

Naphtohim = [hieroglyphs] ville de Phtah (Memphis).

En outre, nous savons que des rois avaient donné leurs noms à des villes telles que Memphis, Sa-Snofrou, Menât-Xonfou Pa-Sahourâ et beaucoup d'autres. C'est un usage très ancien qui existe encore de nos jours.

Il y aurait donc lieu d'attacher une importance à ce fait légendaire consigné dans les récits arabes, parce que les quatre rois supposés jusqu'ici mythiques auraient probablement existé, comme beaucoup d'autres rois inconnus jusqu'ici, et auraient construit ces quatre villes qui remontent à la plus haute antiquité[1].

N° 14.

SAURID = *Khofou, Khéops, Souphit, Sephouris, Khembes, Khemmès,*
HAWIT = *Khafra, Khéphrèn, Khabroun, Souphis II.*
CRORÈS = *Menkeri, Menkherès, Mykérinos* (Maçar chez les Coptes modernes).

Saurid, d'après nombre d'écrivains arabes, ayant connu par un songe l'arrivée du déluge, bâtit les pyramides de Gizeh. Ce fait nous a été ainsi raconté dans les récits arabes :

« Une nuit, la sphère descendit en songe sous les traits d'une femme vers Saurid, fils de Sahlok : la terre se bouleversa aussitôt avec les habitants et le soleil s'éclipsa. Le collège des prêtres, présidé par Félémon (Philémon) consulta les astres, et il annonça d'après leurs conjonctions, un déluge d'eau qui détruirait partiellement les hommes, puis un déluge de feu qui anéantirait l'univers à jamais. Saurid construisit alors les trois pyramides de Gizeh afin d'y déposer,

1. MASPERO, *Hist. Anc.*, p. 22, édit. 1886.

à l'abri de l'inondation, les talismans inventés jusqu'alors et les livres qui renfermaient les annales du passé et les lois de toutes les sciences : il y avait là une somme de richesses que l'on ne peut évaluer[1]. »

Ce roi est très connu par son œuvre gigantesque qui compte parmi les sept merveilles du monde. Son nom nous est parvenu sous plusieurs formes qui se rapprochent entre elles. Ainsi, on le voit sur les monuments nommé Khofou ; par Hérodote, Khéops ; par Manéthon, Souphis ou Sephouris[2], et par les écrivains arabes, Sauride[3]. L'identité entre les trois noms Khofou, Khéops, Souphis nous paraît acceptable, parce que dans leurs syllabes la correspondance usitée fut philologiquement admise. Au contraire, dans les deux autres noms, Sephouris ou Souphis et Saurid, les deux syllabes finales Phis et Rid diffèrent ; mais cette erreur peut être attribuée aux copistes. Il n'est donc pas étonnant de voir le nom du même roi déformé de génération en génération de la manière que nous venons d'indiquer. La seule raison dont on doit tenir compte pour affirmer l'exactitude de cette substitution, c'est que tous les monuments et les chronologistes attribuent au roi nommé Khofou, Khéops, Souphis, Saurid, etc., la construction de la grande pyramide de Gizeh. C'est par ce simple fait, adopté unanimement, qu'on peut sans aucune hésitation admettre l'identité de Saurid avec Souphis ou Sephouris.

Quant aux deux cataclysmes cités dans le songe de Saurid, je pense qu'ils sont basés sur les deux faits connus :

L'un est le déluge signalé par les Écritures Saintes comme phénomène ayant inondé le monde, et l'autre est la destruction des hommes par le soleil, regardé comme élément de feu et dont le tombeau de Séti Ier nous a conservé le récit[4].

Quant aux deux autres rois, Hawit et Crorès, Maqrizi nous rapporte que Saurid avait bâti pour lui-même la pyramide orientale, pour son frère Hawit la pyramide occidentale, et pour le fils de ce dernier, appelé Crorès, la pyramide peinte.

1. Carra Vaux, I. *Abrégé des Merveilles*, p. 171-173, 203-209.
2. F.W. von Bissing: *Der Bericht des Diodor über die Pyramiden*, S. 37, Anmerk I.
3. Maspero: *Hist. Anc. de l'Orient*, clas. p. 361, note I. — On voit que ce roi est nommé Xnoumnou Xanfou ; par Diodore, Khembès ou Khemnès, et par Eratosthènes, Saôphis.
4. Boghiet-el-Talibin, p. 152-155.

Saurid fut enterré dans la pyramide orientale, Hawit dans l'occidentale et Crorès dans celle dont le bas est fait en syénite et le haut en calcaire[1].

Cette tradition est exacte sauf pour la construction des trois pyramides qui est attribuée entièrement à Saurid seul.

D'autre côté, Hérodote (II, 129) dit que Khephrèn était le frère de Khéops, ce qui correspond exactement au dire des annalistes arabes ; mais Diodore (I, 64), raconte la chose autrement : il donne pour successeur à Khéops son fils Khephrèn, ce qui concorde aussi avec le papyrus Westcar. Si nous discutons les deux noms philologiquement nous verrons :

1° Que Hawit[2], quoique dénaturé par les annalistes renferme les éléments de Khefrâ à l'exception de la dernière syllabe.

Voici comment on peut le décomposer :

Ha = Kha, wi = f.

2° Que Crorès renferme aussi quelques éléments de Menkeri.

De plus, les compilateurs arabes qui ont parlé des pyramides de Gizeh n'en ont jamais attribué la construction à d'autres rois. Il est donc probable que les trois rois Saurid, Hawit et Crorès sont Khéops, Khephrèn et Mykérinos.

N° 16.

MENAOS I, *fils de Hargib*[3] = *Manuel.*

N° 34.

MENAOS II, *frère d'Adim*[4] = *Ménès.*

N° 35.

HERMÈS = *Athôhès.*

1. MAQRIZI, édit. arab. p. 116-117.
2. Je me demande si le nom de Hawit n'est pas celui de la grande pyramide Xout comme c'était le cas avec Coptim, Ashmoun, Sa, Atrib qui sont des noms de villes donnés à des rois.
3. MAQRIZI, Edit. arabe, p. 133.
4. Ibd., p. 137 - 138.

Maqrizi nous signale deux rois nommés Mnaos : le premier a été rapporté, par M. Carra, à Manuel منويل ou à Ménès[1], le second reste sans identification.

Je pense que les compilateurs arabes se sont trompés sur ce nom ; car Maqrizi, après avoir donné tous les noms des rois, fit observer que ces noms lui paraissaient incertains par la raison que quelques-uns semblent faire double emploi[2].

Il en résulte que Mnaos à été mentionné deux fois ou du moins dénaturé.

Quant à Mnaos II, je l'identifie sans difficulté avec Ménès parce que sa légende, consignée dans l'ouvrage de Maqrizi, concorde avec celle donnée par les auteurs classiques.

Voici comment s'explique Maqrizi :

« Mnaos était prêtre, savant, vertueux. Il construisit plusieurs bâtiments dans les montagnes et dans les déserts pour y déposer ses richesses. Il bâtit dans le désert occidental une ville et passait pour le premier adorateur des bœufs en Égypte. »

Après sa mort, il eut pour successeur son fils Hermès[3]. Si nous confrontons ces traits avec la légende classique nous verrons :

1° Que les arabes avaient pris Mnaos du nom grec Mnévis, donné par Diodore à Ménès (I, 94).

2° Que la fondation d'une ville dans le désert occidental vise vraisemblablement Memphis, fondée par Ménès[4].

3° Que Mnaos, premier adorateur des bœufs en Égypte, concorde exactement avec la tradition d'Élien (*Hist. Anc.*, XI, 10), qui attribue à Ménès l'institution du culte de Hapi.

4° Qu'il eut son fils Hermès pour successeur, cela est une autre preuve de plus, parce que Hermès en grec est A-Thoh des Égyptiens et le successeur de Ménès était son fils Athôthès I[er][5].

Il en résulte donc que Mnaos est Ménès et que son fils Hermès est Athôthès Ier.

1. CARRA DE VAUX. L'*Abrégé des Merveilles*, p. 219-220.
2. MAQRIZI, édit. arabe, p. 141.
3. Ibd., p. 138.
4. HÉRODOTE, II, XCIX.
5. Athôthès (Atouti) = Ἑρμογένης « de la race d'Hermès ». Voir à ce sujet : MASPERO, *Notes sur quelques points*, dans le Recueil des travaux, etc., t. XVIII, p. 30.

N° 52.

CALCALI[1], CALCANI[2], CALI[3] = *Qentenis* = *Qenqoni*

Kenkènis, cité par la plupart des compilateurs des listes de Manéthon comme le troisième roi de la 1re dynastie, semble être identique avec Calcani qui figure presque dans tous les ouvrages des annalistes arabes.

Maspéro le rapproche de Qenqoni, qui signifie écraseur, nom, dit-il, donné allégoriquement pour montrer les actes de violence qu'un roi devait, selon l'ancienne coutume égyptienne, exercer au combat[5].

Calcani, selon Maqrizi, était un roi qui adorait les idoles et qui le premier avait inventé l'alchimie; beaucoup de prodiges extraordinaires lui ont valu le titre de « Sage des rois »[6].

Le rapprochement de Calcani à Kenkènis est une donnée qu'on peut admettre facilement, de même que l'invention de l'alchimie, attribuée à Calcani, semble être de la même nature que celle du traité d'anatomie, à Athothis, père de Tenkènis, selon Manéthon[7]. (CORY, *Anciens Fragments*, p. 96).

N° 41.

MARGOUREH =

Ce roi nous est connu par le papyrus de Turin où il figure parmi la série des rois qu'on peut classer à la XIVme dynastie[8]. Maqrizi rapporte qu'il était sage, prêtre, et qu'il fut le premier qui eut

1. MOURTADI, trad. P. Vattier, p. 126.
2. MAQRIZI, édit. arabe, p. 140.
3. MAÇOUDI, édit. arabe, p. 100, donne aussi Cali qui est probablement l'abréviation de Calcali.
4 et 5. MASPÉRO, *Hist. Anc.*, vol. I., p. 236.
6. MAQRIZI, édit. arabe, p. 140.
7. EUSEBIUS SYNCELLI, p. 55, B. 57 A.
8. KONIGSBUCH, Taf. XV.

apprivoisé des lions et les eut montés. Il fonda, dit-il, des villes, éleva des temples et des statues, fut mis, après sa mort, dans un cercueil et enterré dans le désert occidental [1].

N° 17.

Ecros, Afros, Afraous [2] = *Okhèràs.*

M. Carra de Vaux a indentifié le roi Afros avec Ouaphrès, l'un des rares Pharaons mentionnés sous le nom de Hophra dans la Bible [3], mais cette donnée est rejetée, parce que le tableau d'identification, annexé à ce travail, montre clairement que Ouaphrès des chroniqueurs arabes reste le même chez les auteurs classiques. J'avais pensé qu'il fallait chercher un autre équivalent pour Afros, comme par exemple Ouah-Ab-rà dont le cartouche nous est parvenu par le papyrus de Turin (Frag. n° 27).

Mais j'ai vu que ce roi n'est pas tellement connu des monuments d'après lesquels les copistes arabes ont transcrit son nom pour que toute assimilation à son égard soit irréfutable. Il fallait donc trouver un autre moyen d'identification. Or, Mourtadi donne Ecros pour Afros [4]. Cette mention concorde parfaitement avec celle de Syncelle et Sothis qui nous donnent le nom d'Ὀχήρας = Okhèràs ; d'après le premier chroniqueur, c'était le sixième roi de la XXme dynastie ; il a régné 14 années.

Cette donnée est, je crois, acceptable pour les raisons que je fournis ci-après :

1° Il y a assonance entre Okhèràs et Ecros de Mourtadi, si ce n'en est la transcription.

1. Maqrizi, édit. arabe, p. 138. Je pense que le roi est une variante de Mer Ka-Ra. Nous avons eu un monument du règne de ce premier roi établissant, dans l'ordre suivant, trois princes de Siout. Ces princes sont : 1° Khati I ; 2° Tafaba ; 3° Khati II, fils de Tafaba (W. Budge, *Books on Egypt and Chaldea*, p. 167, vol. II).
2. Maqrizi, édit. arabe, p. 131.
3. Carra de Vaux, l'*Abrégé des Merveilles*, p. 23.
4. Mourtadi, trad. de P. Vattier, p. 108.

2° *K*, *c*, *q*, remplacent *f*, comme nous l'avons montré dans les règles de transcription, et Maqrizi avait simplement fait une erreur d'orthographe en donnant Afros pour *Ecros* qui nous est parvenu d'après une transcription grecque.

N° 18.

Armalinos = *Armaïs*.

L'identification de ce roi est déjà faite par M. Maspéro dans le *Journal des Savants* (mars 1899, n° 159). Voici ce qu'il dit :

« Je crois qu'Armalinos est un composé. La légende classique connaissait un Arminos d'assonance analogue, auquel elle attribuait une réforme de calendrier[1], les deux sont probablement, comme Armittos[2], des variations d'Armaios et Armaïs, le Pharaon Harmhabi.

« La flexion en *ès*, si fréquente dans les transcriptions grecques, se rencontre moins souvent que la flexion en *os* dans l'abrégé : on l'y rencontre pourtant, rendue par *is* selon les lois de l'ietacisme, et plusieurs des mots qu'elle signale se laissent encore interpréter sans trop de peine. »

N° 32.

Mencaôsh — *Menès* (?)

M. Maspéro dit, à propos de ce roi, qu'on doit peut-être y voir un élargissement du thème de Menès[3]. Je partage cet avis avec notre savant égyptologue, parce que la légende arabe de Mencaosh paraît être équivalente à celle de Menès. Je signale ici, à l'appui de cette hypothèse, quelques passages de Maqrizi qui montrent que cette assimilation a sa raison d'être.

1. Censori. § 19. éd. Jahn. p. 58 : Arménis reparaît comme roi d'Égypte dans la chronique d'Aboulfaradj.
2. Papyrus Casati. 37. 7.
3. Maspéro. *Journal des Savants*, mars 1899. p. 158.

Cet auteur rapporte que Meneaosh fit, à huit lieues de Memphis, un temple pour les figures des planètes, creusa dans la montagne occidentale des caveaux et des cavernes où il déposa ses richesses, pendant quatre années. Il y fit enterrer des bœufs. Les traces de ces bœufs sont restées longtemps visibles entre Memphis et l'occident. Enfin, il éleva un temple à la Lune, fonda Memphis et subdivisa le pays en cent trente nomes[1].

Ces passages, comparés avec les légendes de Menès, font ressortir :

1° Que le temple des figures des planètes est celui de Memphis, élevé par Menès pour Ptah[2].

2° Que les caveaux et cavernes destinés à recevoir les momies des bœufs, répondent au sérapéum de Saqqarah où étaient enterrés les bœufs Apis dont le culte était institué par Menès.

3° Que la fondation de Memphis par ce roi correspond exactement à la légende classique, attribuant à Menès la fondation de cette ville.

SAIOUPH[3] سيوف = = SORIS[5]

Nous savons d'une part que les rois donnés par les chroniqueurs arabes comme constructeurs des pyramides ne sont pas nombreux pour qu'on puisse dire qu'il y aurait confusion à les identifier avec ceux des listes de Manéthon et des monuments; d'autre part, la place qu'occupe Saiouph de Mourtadi, est signalée avant celles des rois à qui l'on attribue la construction des pyramides de Gizèh[6]. Il y a donc lieu, si l'on tient compte de ces deux observations, de rapprocher Saiouph à Snofrou pour les raisons suivantes que je crois admissibles, sinon soutenables :

1° Il y a assonance entre Saiouph et Snofrou.

1. MAQRIZI, édit. arabe, p. 137.
2. HÉRODOTE II, XCIC.
3. Ibid. II, XCIX.
4. Saiouph ne figure pas dans la liste des rois parce qu'il est connu comme prêtre.
5. E. DE ROUGÉ, *Recherches sur les monuments*, etc., p. 28-41.
6. MOURTADI, trad. de P. Vattier, p. 19-20.

2° Les signes radicaux dans les deux noms sont identiques.

3° La chute de , R N est fréquente telle que منف Memphis [illegible], transcrit en arabe par [illegible][1].

En outre, nous savons par les monuments que Snofrou avait construit la pyramide de Dahshour et celle de Meïdoum, et par les auteurs arabes que Saiouph, le prêtre égyptien, faisait sa demeure dans la pyramide maritime, laquelle pyramide était un temple des astres où il y avait une figure du soleil et une autre de la lune qui parlaient toutes deux. La pyramide antérieure ou méridionale était le tombeau des rois auquel Saurid fut transporté. Il y avait dedans plusieurs choses admirables, des statues, des livres, et, entre autres, la statue qui riait, et qui était faite d'une pierre précieuse verte. Ils y avaient enfermé tous ces trésors de peur de l'inondation ou du déluge[2].

Cette tradition fait probablement allusion à la pyramide de Meïdoum découverte par Maspéro en 1882, qui l'avait trouvée violée dans l'antiquité[3] et qui l'attribue à Snofrou. L'auteur des *Merveilles d'Égypte* l'a qualifiée de maritime pour la raison qu'à l'époque de l'inondation, le plateau sur lequel elle est construite est entouré par les eaux du Nil. De même, il qualifie le roi de prêtre, cela ne fait aucune objection à notre donnée, parce que les pharaons occupaient le premier rang dans le sacerdoce. Quant aux figures parlantes, ce sont la statue de Sekhet qui a pour coiffure le disque solaire et celle de Sawek, la déesse des livres, dont la coiffure est une étoile. Cette dernière, qui présidait aux fondations des monuments, était vénérée à Memphis dès la IVe dynastie[4].

Quant à la troisième statue qui riait et qui était en pierre précieuse verte, je la crois celle du roi, de même qu'une autre statue en basalte.

1. Menf-[illegible] est en effet une variante du nom de Memphis, voir ETIENNE QUATREMÈRE, *Mémoires historiques et géographiques de l'Égypte*, E. I., p. 219-220.

2. Ces deux pyramides se nomment: , , pour distinguer entre la pyramide orientale de Dahshour et celle de Médi qui est à Meïdoum. MOURTADI, trad., de P. Vattier, p. 19-20.

3. MASPERO, *Hist. Anc.*, vol. I., p. 359.

4. PIERRET, *Dict. Arch.*, p. 193.

N° 45.

CLIMON [1] = PHILÉMON [2]

M. Carra de Vaux cite ce nom sous celui de Filamoun ou Félimon [2] qui correspond soit à Philémon, soit à Philammon, dont les éléments sont purement gréco-romains [3] (voir ce qui a été dit à propos de ce prêtre sous le nom de Saurid).

N° 88.

COMIS, COMES = [cartouches] = KAMÔS (XVIIe dyn.)

Kamôs est l'un des rois thébains qui ont fait la guerre aux Hyksôs après avoir été chassés de Memphis par Alisphragmonthosis et acculés à Avaris [4]. Nous savons quelque chose de sa généalogie, mais rien de ses annales, Son nom nous est parvenu dans les chroniques arabes tout correct.

C'est ainsi que nous lisons dans

MAQRIZI (p. 143, édit. ar.) Comis قوميس [5] et dans

MAÇOUDI (p. 411, édit. fr., 8 arabe) Comès قومس [5] avec transcription qui correspond exactement à son nom égyptien, Kamôs.

N° 74.

ATFIN [5], QATFIR (Atfir) [6], PÉTÉPHRES, PÉTÉRES, PA DOU RÂ [7], (le don du Soleil), PÔTIPHAR [8], Putiphar (Bible, Genèse, ch. XXXVII, 36).
فوطفار — فوطي فارع (كاهن اون) تكوين ص ٤١ع ٤٥

Atfin ou Qatfir est le maitre de Joseph dans les annales arabes. Il était un des grands seigneurs et chef des gardes de Pharaon [9]. Le

1. MAQRIZI, édit. arabe, p. 139.
2. CARRA DE VAUX, *l'Abrégé des Merveilles*, p. 167-229-234-276.
3. MASPÉRO, *Journal des Savants*, mars 1899, p. 156.
4. MASPÉRO, *Hist. Anc.*, p. 169.
5. MAQRIZI, édit. arab., p. 141.
6. *Commentaire du Coran*, par Khati-el-Sherbini, t. II, p. 94.
7. MASPÉRO, *Journal des Savants* (mars 1899, p. 160).
8. MASPÉRO, *Hist. Anc. Orien.*, el vol. II, p. 70.
9. Ibd. p. 70.

Coran l'appelle Aziz عزيز. Son nom nous est parvenu sous plusieurs formes qui se rapprochent entre elles, à l'exception des formes arabes Atfin أطفين Atfir أطفير ou Qatfir قطفير dont la première syllabe varie. Cela provient sans doute de l'erreur des copistes arabes qui ne savaient pas bien le grec pour transcrire exactement Pétérés, Pétéphres, Putiphar. (Voir son histoire dans Maqrizi, édit. arabe, p. 141).

N° 63.

Rayan = *Nayan*, Nehraosh = *Nerâous*.

Les chroniqueurs arabes rapportent que Rayan était le Pharaon de Joseph[1] ; mais Maqrizi en donne plus de détails en citant que Joseph avait vécu sous le règne de deux Pharaons : le premier est appelé Rayan par les Arabes et Nehraôsh par les Coptes[2] ; le second est appelé Darimos[3]. Or, pour le premier Pharaon, nous avons par les monuments la preuve qu'il était réellement le Pharaon de Joseph : on connait la découverte importante de la partie inférieure d'une statue appartenant aux Hyksôs[4]. Ce fragment, trouvé à Bubaste, par Naville[5] et actuellement exposé au Musée du Caire, nous fournit les deux cartouches d'un roi inconnu. Ces cartouches Xayan et Ne-râ-ous correspondent aux noms du Pharaon ci-haut donnés par Maqrizi. La petite différence entre Xayan et Rayan est insignifiante parce qu'on sait que ce nom nous est parvenu de troisième ou de quatrième main, et que l'identité frappante qu'on remarque entre Nehraôsh نهراوس et Ne-Ra-ous[6], aide à passer outre sur cette faute d'orthographe.

1. Mourtadi, trad. P. Vattier, p. . *Commentaire du Coran*, par Khatib-el-Sherbini, t. II, p. 31.
2. Maqrizi, édit. arab., p. 140-141.
3. Ibd. p. 141.
4. Maspéro, *Hist. Anc.*, t. II. p. 61-62.
5. Naville, *Bubastis* (1887-1889) p. 23, pl. XXXV. A.
6. On fera probablement observer que cette transcription est vicieuse parce qu'elle n'est pas conforme à la règle grammaticale d'après laquelle le nom doit être lu Ouser-n-Râ. Cette observation ne doit pas toujours se faire pour les noms propres qui s'écrivent quelquefois contre toute règle. Néanmoins, nous avons dans la vme dynastie un roi surnommé *Ous-ar-n-râ-ou*, que Manéthon donne sous la forme de Rathourès. Ce dernier nous résoud la question, parce que *Râ* s'écrit avant *Ous* et le signe hiéroglyphique —— figurait probablement ici pour le nom personnel du roi, pourra se mettre par conséquent avant Râ-ous, pour former le nom de *Ne-Râ-ous* que le roi étranger avait adopté pour lui.

Quant au second Pharaon Darimos, nous savons par Manéthon que les rois Hyksôs ont formé trois dynasties (XVe, XVIe, XVIIe), que chacune se composait de plusieurs rois dont un petit nombre nous sont connus. Il se peut que le roi Darimos fit partie de la série des rois qui reste inconnue. Joseph ayant vécu 120 ans (Genèse, ch. 50 26) âge qu'aucun pharaon n'a atteint, cela confirme la tradition signalée plus haut par Maqrizi.

N° 69-70.

Totis = *Thotmès I.*
Gobiac, Charobe, Horia = *Hâtshopsou.*

On peut identifier ces deux noms à ceux de Thotmès Ier et de sa fille Hâtshopsou, d'abord par l'assonance frappante entre Totis et Thotmès et ensuite par la concordance des faits historiques attribués à la reine par les conteurs arabes et par les monuments.

Mourtadi ben Aphiphe rapporte que Totis fut le premier appelé Pharaon en Égypte, parce qu'il était cruel et sanguinaire et qu'il fit mourir beaucoup de monde, même de ses plus proches et de ceux de sa maison[2], parce qu'il leur portait envie craignant que la couronne ne fut ôtée à sa fille après sa mort ; car il n'avait pas d'autre enfant[3].

Les monuments nous affirment en effet que le roi Thotmès Ier n'eût de la reine Ahâmes que deux enfants, dont l'un appelé Ouzmès ne vécut guère ; le second Amenmès atteignit l'adolescence et à peine associé à la couronne il mourut[4]. Or, Thotmès Ier n'avait plus pour lui succéder qu'un autre Thotmès, né d'une certaine Moutnofert, qui n'était pas de race assez élevée par sa mère pour hériter en première ligne, et le siège de Horus, revenait cette fois encore à une femme Hâtshopsou, la fille aînée d'Ahamès[5].

1. Toutis s'appelle ainsi d'après le dieu Thot. (Carra de Vaux, *l'Abrégé des Merveilles*, p. 320).

2. Maspéro, *Hist. Anc. des peuples d'Orient*, clas. p. 135, note 6. Le règne de Thotmès Ier avait été troublé par des révoltes intérieures qui eurent lieu après l'expédition de Syrie et qui ont précédé l'association de la princesse.

3. Mourtadi, trad. P. Vattier, p. 136.

4. Maspéro, *Hist. Anc. des peuples d'Orient*, clas. p. 239.

5. Ibd. p. 236.

Mourtadi continue : « Elle était d'un naturel doux et bon et avait beaucoup d'esprit. Elle s'efforçait toujours d'empêcher son père de répandre tant de sang, mais elle ne pouvait y parvenir ; c'est pourquoi elle craignait enfin qu'on ne lui ôtât la couronne, le voyant extrêmement haï de tout le monde, ce qui la fit se résoudre à l'empoisonner ; il mourut ainsi après avoir régné soixante et dix ans[1] ».

La reine Hâtshopsou, selon les monuments, devait sans aucun doute être louée d'une intelligence admirable et d'un caractère doux : car elle n'aimait pas la guerre, et pourtant elle sut gouverner d'une main si ferme que ni l'Égypte ni les vassaux étrangers ne tentèrent sérieusement de se soustraire à son autorité[2].

« Totis étant mort, raconte Mourtadi, le peuple ne tomba pas d'accord sur celui qu'il devait élever à sa place à la royauté, car il fallait prendre pour cela quelqu'un des descendants d'Abrib (=Amenophis I ?) parce qu'ils avaient régné anciennement ; mais le peuple se rallia au conseil d'un vizir, et la plupart des grands de l'Egypte le suivirent, de sorte que Charobe lui convint, et ce vizir la fit reine[3]. Si nous consultons les monuments, nous verrons que ces troubles avaient leur raison d'être.

« L'étiquette exigeait, en effet, après la mort de Thotmès Ier qu'un mâle fût à la tête du gouvernement ; ce fut Thotmès II, frère du roi, alors adolescent, qui remplaça d'office Hâtshopsou, mais elle voulut avoir seule la direction des affaires[4], et cela dût certainement donner lieu à des troubles qui finirent vraisemblablement par être réprimés, et, sur l'avis du vizir, Hâtshopsou fut élue reine de l'Egypte ».

Mourtadi ajoute qu'après cela, elle s'assit sur le trône royal, fit de grandes largesses et promit quantité de biens au peuple ; elle honora les soldats, leur fit des dons considérables et doubla leur solde.

Elle honora pareillement les prêtres et les principaux du peuple, fit grand cas des magiciens, releva leur rang, fit rebâtir et augmenter les temples. Elle fut ensuite plusieurs années reine d'Egypte[5].

1. Mourtadi, trad. de P. Vattier, p. 136.
2. Maspéro, *Hist. Anc. classique*, p. 231 et 239, où il est dit que la reine n'aimait pas la guerre et n'avait dirigé aucune campagne au delà de l'isthme.
3. Mourtadi, trad. P. Vattier, p. 137.
4. Maspéro, *Hist. Anc. classique*, t. II, p. 238.
5. Mourtadi, trad. P. Vattier, p. 137.

Revenons aux monuments qui nous assurent que son règne fut en effet prospère, soit qu'elle s'entendît réellement aux choses de l'administration et de la politique, soit qu'elle eût la main heureuse dans le choix de ses ministres; à l'intérieur, elle poussa très activement les constructions, non seulement à Deïr-el-Bahari, mais à Karnak et dans Thèbes entière sous la direction de Sanmout[1]. Quant à la durée de son règne, nous n'en connaissons jusqu'à présent que 16 ans environ; mais il est très probable qu'on trouvera de nouveaux monuments donnant pour ce règne une durée plus longue.

« Sous son règne, dit Mourtadi, Gabir le Mulaphaquien vint pour lui rendre visite. Il campait dans la terre de la Balque et avait un frère nommé Gebrin, prenant son nom de lui. C'étaient deux géants du reste des Adites. (العادية)

« Quand Gabir était assis sur le sable, ceux qui étaient en pleine mer le voyaient. Il avait une cuve de trente coudées de tour qu'on lui remplissait de viandes qu'il mangeait totalement, puis on la lui remplissait de vin, et il la vidait de même. Il lui survint une sorte de peste sur son corps qui l'inquiéta beaucoup et qui allait en s'aggravant toujours. C'est pourquoi ses médecins lui conseillèrent d'envoyer quelques-uns de ses gens à la recherche d'un pays dont l'air et les eaux fussent favorables à son tempérament. Ceux-ci lui vantèrent le climat d'Egypte, ce qui le détermina à y venir[2]. »

Cette traduction nous rappelle le fait de Parihou, chef de Pount, qu'on voit représenté sur le mur de Deïr-el-Bahari, par ordre de la reine Hâtshopsou. Il est accompagné de sa femme Ati et de sa fille. Elles sont toutes deux, surtout la mère, atteintes d'une espèce d'éléphantiasis[3] et ont, par conséquent, un boursoufflement graisseux de telle manière que les lignes du corps se perdent sous les amas de chairs tremblotantes.

« Charobe Hâtshopson, dit la légende arabe, mourut à la suite de la morsure d'un serpent au talon, son successeur fit embaumer son corps et le fit porter dans la ville que la reine s'était fait bâtir du côté de

1. Maspéro, *Hist. Anc. classique*, p. 213.
2. Mourtadi, trad. P. Vattier, p. 138-139.
3. Chabas, *Étude sur l'antiquité historique*. C'est un double cas de steatopygie le plus ancien que l'on connaisse.

l'occident. Elle s'y était fait préparer un tombeau embelli de toute sorte d'ornements et avait peuplé la ville d'une quantité de prêtres et d'artisans, de docteurs et de gens de guerre. Cette ville demeura florissante et bien peuplée jusqu'à ce que Nabuchodonosor la ruina lorsqu'il conquit l'Egypte[1]. »

Nous savons que la reine avait fait bâtir le beau temple de Deïr-el-Bahari qui s'étage sur une montagne dont le versant opposé aboutit à la vallée des rois. Elle avait embelli ses murs de scènes de la campagne faites dans le pays de Pount et d'un jardin sacré où l'on planta les arbres aromatiques provenant du dit pays. La légende arabe fait probablement allusion à la belle chapelle funéraire de Deïr-el-Bahari et à Thèbes entier où la reine avait fait construire de grands bâtiments qui suffirent, d'après l'habitude égyptienne, pour lui attribuer la fondation de la ville. Celle-ci resta en effet florissante jusqu'à la conquête de Nabuchodonosor qui extermina la multitude de ses habitants et ruina la ville après y avoir pénétré par plusieurs brèches pratiquées dans ses murailles[2].

N° 75.

Dalic = *Thotmès III*.

« Les Égyptiens, dit Mourtadi, prirent pour roi en substitution de la reine Charobe, son cousin germain *Dalic* دلوكة (qui correspond chronologiquement à Thotmès III, identifié à Misphragmothosis de Manéthon).

« Il avait beaucoup d'esprit, de prudence, de bonne conduite et de beauté physique. Il régna soixante-dix ans[3] après avoir bâti une muraille qui servait de fortification pour repousser les attaques des ennemis contre l'Égypte et qui se nommait Haït-el-Agouz حائط العجوز.

« Il fit creuser derrière cette muraille un canal où coulait l'eau[4]. Les qualités attribuées à *Dalic* sont les mêmes que celles de Thotmès III.

1. Mourtadi, trad. P. Vattier, p. 158.
2. Ezechiel, XXX, 10-18.
3. Mourtadi, p. 158; Maspéro, (*Hist. anc.* p. 289), dit que Thotmès III mourut le dernier de Phaménoth, l'an LV de son règne.
4. Maqrizi, édit. arabe, p. 142.

« On sait que sa cousine, la reine Hâtshopsou, l'associa plus fréquemment aux actes extérieurs du Gouvernement ; il ne devint souverain absolu qu'à l'âge de 25 ans environ[1]. Son portrait, sa conduite, ses guerres et les nombreuses constructions que l'histoire lui reconnait sont là pour témoigner de sa prudence et de sa beauté. »

Quant à la muraille dont on voit encore des traces à travers le territoire égyptien et dont l'auteur reste jusqu'à présent inconnu, elle peut être l'œuvre de Thotmès III, si la substitution de *Dalie* est acceptable.

Cette muraille a été examinée et mesurée en plusieurs endroits par Ahmad Effendi Nagib, conservateur-inspecteur au Musée.

A Mangabad, par exemple, elle a cinq mètres de hauteur sur une largeur qui varie de trois à quatre mètres et demi.

Au sud de Minieh, elle a plus d'un mètre de hauteur.

Cette muraille, qui est bâtie avec de longues briques crues, suit les parties sablonneuses dans toute l'étendue du pays, les montagnes exceptées ; elle fut construite pour empêcher le sable d'envahir le terrain cultivé. C'est pour cette raison qu'elle a été restaurée à plusieurs reprises, ainsi qu'on le constate par les différentes assises de maçonnerie.

Cela détruit, par conséquent, la tradition arabe d'après laquelle cette muraille aurait été élevée pour repousser l'invasion des ennemis.

N° 79.

Marinos[2], Marina = *Marès.*

Marinos est un nom gréco-romain ou une variante de l'égyptien Marès, Maris « l'ami de Râ » ? Le nom de Marès était fort prisé des chronologistes ; Eratosthènes l'avait admis dans son Canon trois fois avec des nuances d'orthographe, Marès, Maris et Meuris ; un successeur imaginaire d'Amasis s'appelait Maros ou Mendès[3], et Merri,

1. Maspero, *Hist. Anc. des peuples de l'Orient classique*, p. 254.
2. Carra de Vaux, *L'abrégé des merveilles*, p. 263.
3. Diodore de Sicile, I, 61, 97.

Merris, Mevrine était une fille du soi-disant Pharaon Palmanothès, contemporain de Moïse[1]. Maspéro pense que ce dernier Pharaon est une faute des copistes pour Pamanôthes, Phamanôthes, du nom connu Aménôthès, Amenhotpou. Le Pharaon contemporain de Moïse aurait été, pour Artapan, l'Aménôthès du colosse de Memnon, Aménôthès III[2].

Maqrizi dit que vingt-sept rois coptes, avaient régné en Egypte 620 ans après Dalouca. Ces rois, occupant la page 143-144 de son histoire,[3] ont été identifiés par nous avec les listes de Manéthon et classés ci-après dans l'ordre adopté par l'auteur, qui concorde avec la liste d'Eusebius Armen.

	Maqrizi		Années de règne	Koenigsbuch (Eusebius Armen)	Années de règne
	Discolita	دوسقوليطا	88 ou 87	?	—
	Samanadous	سمانادوس	26	Smendès................	26
XXIe dyn.	Soumanes	سوماناس	100	Psousennès............	46
	Mephekhras	مفخراس	4	Nephêrkhêrès	4
	Amanaconas	أماناقوناس	9	Aménôphthis, Aménôphtis, Aménophis............	9
	As horis	أسحوريس	6	Asôkhor	6
	Phsimakhès	فسيناخس	9	Psinnachès..............	9
	Phsousanès	فسوسانس	35	Psôsênnês...............	35
XXIIe dyn.	Sesonakhousès	سسوناخوسس	21	Sesonkhousis...........	21
	Ousalion	أساليون	15	Osortôs, Ousorkôn, Osorthon..................	15
	Tafalounis	طافالونيس	13	Tacêlôthis Takhelôthis....	13

1. Artapan dans Muller Didot, *Fragmenta Historicum Græcorum*, t. III, p. 220 et suivant.

2. Maspéro, *Journal des Savants*, mars 1899, p. 159.

3. L'auteur a écrit son histoire en 825 de l'hégire (voir 1er vol., 4, p. 188, édit. arabe) il mourut en 845, comme il est indiqué à Kashf-el-Zénoun.

	Maqrizi		Années de règne	Konigsbach (Eusebius Armen)	Années de règne
XXIIe dyn.	Natafanastlès	نطافناسطاس	25	Ptoubastis...............	25
	Osarathon	أساراثون	9	Osorthon................	9
	Phesamers	فسامرس	10	Psamous.................	10
XXIVe dyn.	Aouphaïnois	أوفانيواس	44	Bacchôris	44
XXVe dyn.	Séacor	سيانور	12	Sabacon	12
	Sekes l'éthiop.	سخس الحبشى	12	Sébichôs................	12
	Trahos	طراحوس	20	Taracos.................	20
XXVIe dyn.	Amras l'éthiop.	أمراس الحبشى	18	Amères Aethiops.........	18
	Astetafinias	اسطافنياس	7	Stéphinathis.............	7
	Bakhfasos	باخفاسوس	6	Nechepsos................	6
	Iakho	باخو	8	Nechavô..................	6
	Fsamertas	فسامرتاس	7	Psamouthès, Psametichos, Psanĉaothês...........	17
	Ouaphrês	وافرس	25	Vaphrês (rendu par Hophra dans la Bible)	25
	Amasles	أماسليس	24	Amosis, Amasis..........	42

RÈGNE DE CINQ ROIS BABYLONIENS

Amertios	أمرطوس	6	Amyrtéos	6
Mafirtas	مافرطاس	7	Nephêritès	6
Auchores	أوخرس	12	Achoris..................	13
Fsamout	فساموت	2	Psamonthès	2
Mounatous	موناطوس	7	Monthês	1

RÈGNE DE TROIS ROIS ASSYRIENS (GARAMCA)

Nafatanbosh	نافطانبوش	13	Nectanebis	13
Tos	طوس	7	Tenos, Teos..............	2
Nafataninas	نافطانيناس	18	Nectanebos	18

Vient ensuite le règne d'Alexandre le Grand.

RÈGLES DE TRANSCRIPTION ADOPTÉES PAR LES AUTEURS ARABES

Aeas pour is............ ex. Memaos = Mnèvis.
Chute de 𓂋, 𓈖 » Manf, Mafa = Memphis.
» » es = os » Mounatos = Mounthès.
N pour M et Rès pour Ras........... » Nepherkherès = Mefekhras.
Ph » P » Mous » Mers.......... » Psamous = Phsamers.
N » M .... » Mafertas = Nephêritès.
J » B » R » N.............. » Sajacor = Sabacon.
H » C.............. » Tarahos = Taracos.
J » N.............. » Iakho = Nekhavo.
C » F.............. » Climon = Philémon.

Parmi les effets de la magie des prêtres égyptiens dont il semble rester encore des traces aujourd'hui, on peut citer le fait suivant, exposé par Mourtadi, fils de Aphiphe.

« Quand il survenait une affaire au roi, celui-ci faisait assembler les prêtres hors de la ville de Memphis, et le peuple s'assemblait dans les grandes rues de la même ville. Les prêtres entraient l'un après l'autre, par ordre de préséance, le tambour battant devant eux pour rassembler le peuple, et chacun montrait quelque tour merveilleux de magie, aux yeux de ceux qui le regardaient, une lumière pareille à celle du soleil, de sorte que personne ne pouvait arrêter la vue sur lui.

« L'autre paraissait revêtu d'une robe chamarrée de diverses couleurs, vertes, rouges ou jaunes, ou tissée d'or. Un autre venait monté sur un lion, environné de grands serpents entortillés autour de lui en forme de sangles. Un autre s'avançait, couvert d'un dais de lumière. Un autre paraissait environné d'un feu tournoyant, en sorte que personne ne pouvait l'approcher. Un autre montrait des oiseaux terribles, voltigeant autour de sa tête, et trémoussant de leurs ailes, comme des aigles noirs et des vautours. Un autre faisait paraître en l'air devant lui des personnages épouvantables et des serpents ailés. Enfin, chacun faisait ce que lui enseignait l'astre qu'il servait ; mais tout cela n'était que fantômes et illusions ; c'est pourquoi quand ils étaient entrés auprès du roi, ils lui parlaient ainsi : *Vous vous êtes imaginés que c'était ceci ou cela, mais la vérité est que c'était telle ou telle chose*[1]. »

Ces traits magiques ne rappelaient-ils pas les actions merveilleuses qu'on faisait pendant le *Dorah* (procession religieuse ou tour), supprimé depuis quelques années[2]. Nous savons que les faquirs, sans doute excités par l'ambition et le désir de se faire une grande réputation de sainteté, se livrent à des actes étranges, bizarres, puérils, incompréhensibles : les uns tenant entre leurs dents un fer rouge ou un charbon ardent, tournent sur leurs talons avec une effrayante rapidité, les autres s'agitent dans d'horribles convulsions où s'enfoncent dans les oreilles ou dans d'autres parties du corps des instruments acérés, jusqu'à ce qu'ils succombent sous la fatigue et la douleur.

Il y a quatre grandes sectes de faquirs en Égypte. Les *Rifaïeh*, qui se distinguent par des bannières et des turbans noirs et auxquels on attribue une foule d'actions merveilleuses, se subdivisent en plusieurs ordres :

1° Les *Haouieh* qui jouissent du privilège de s'enfoncer des pointes de fer dans les yeux ou dans toute autre partie du corps sans éprouver aucune douleur ; ils se passent des épées au travers du corps, et criblent leurs joues d'aiguilles sans qu'on puisse voir ensuite aucune trace de blessure. Ils portent aussi de grosses pierres sur leurs poitrines et accomplissent encore beaucoup d'autres miracles.

2° Les *Saâdieh* ont pour insignes des bannières vertes et des turbans verts ou bleu sombre. Ils ont le privilège de manier les serpents venimeux sans danger et quelques-uns même s'en nourrissent.

Le cheik des Saâdieh a la prérogative d'être l'acteur principal dans la cérémonie fort étrange qu'on appelait *Dosah* où il monte à cheval et galope sur les corps qui se jettent par piété sous les pieds du cheval, et qui n'en reçoivent jamais aucun dommage.

1. *Mourtadi*, fils de Aphiphe, trad. franç. de P. Vattier, p. 9-10; Carra de Vaux, *L'abrégé des merveilles*, p. 163.

2. Cette procession était convoquée et établie par ordre des gouvernorats des grandes villes, on la fait encore maintenant au jour du Tapis, à l'anniversaire du prophète, mais sans faire de prodiges.

Le second ordre est celui de *Sâdieh*, avec bannières et turbans blancs. Ce sont des pêcheurs, ils portent dans la procession, sur de longues perches, des filets verts, rouges, jaunes, blancs, etc.

Le troisième ordre est celui de l'*Ahmadieh* avec bannières et turbans rouges et qui se subdivisent en *Bayoumieh*, *Shaârawieh*, *Shinawieh*, etc. Ces derniers ont coutume de faire jouer à un âne un singulier rôle dans la cérémonie de la fête de leur patron : l'âne entre seul dans la mosquée et s'en va droit à la tombe du saint, où il s'arrête, alors la foule se presse autour de lui, et chacun lui enlève un peu de poil qui acquiert la vertu d'un talisman.

Enfin, le quatrième ordre est celui de *Bourhamieh*, portant des bannières et des turbans verts. Il y a encore d'autres sectes de ces faquirs, mais elles rentrent presque toutes dans l'une ou l'autre des catégories de ces quatre ordres [1].

Leurs miracles sont nombreux : entre autres on peut citer ceux qui mangent les insectes, le nopal, le verre, le feu; ceux qui marchent entourés de flammes sous leurs habits; ceux qui ont le don de s'assimiler à une bête féroce; ceux qui dévorent les rats, les lapins vivants; ceux qui font sortir de leur bouche de l'encens ou de la poudre qui détonne au feu.

Le cortège marche en bon ordre, de sorte que les sectes se déroulent l'une après l'autre tambour battant, drapeaux flottants, et récitant des prières jusqu'à ce qu'elles arrivent à la place publique désignée pour leur réunion. Si la procession est faite à l'occasion de l'anniversaire d'un saint, on doit dresser, trois ou quatre jours avant, sur cette place, un grand poteau devant la mosquée où existe le dôme du saint. On orne ce poteau de plusieurs lampes et chaque secte doit réciter, en faisant le tour, la prière finale.

A l'occasion du Tapis, le cortège l'accompagne dans le même ordre jusqu'à la Mosquée de Saïdna Al Hosseïn pour l'assemblage et la couture ou jusqu'à la gare du Caire pour l'expédition au Hégaz.

Il était d'usage, au moins sous les Ptolémées, que le roi assemblât en concile les prêtres de tous les temples pour délibérer sur les affaires politiques, et les décrets de Rosette et de Canope, pour ne citer que les plus célèbres, étaient promulgués après ces synodes.

1. J. Marcelle, *L'Égypte depuis la conquête des Arabes jusqu'à la domination française*, p. 120-128.

Nous ignorons comment ils s'y rendaient, mais nous connaissons, et par des textes écrits et par des bas-reliefs, quels costumes ils revêtaient, quel ordre ils observaient dans certaines processions solennelles[1].

Le chanteur ouvrait la marche avec un instrument de musique, puis venaient l'horoscope tenant une horloge et une branche de palmier, le hiérogrammate coiffé de ses plumes, orné de sa palette et de son papyrus en rouleau, le stoliste muni de la coudée et le vase de purification ; le prophète marchait derrière ces prêtres, il était reconnaissable au sceau sacré et était suivi des porteurs de pains[2].

Les personnages énumérés ici appartiennent tous à un même clergé, lorsque les clergés de tous les dieux étaient réunis, les prêtres principaux de chaque nome marchaient par groupe suivant leur rang géographique. Leurs insignes étaient ceux de leurs dieux, et on en reconnaît quelques-uns dans la description de *l'Abrégé*, Ainsi le dôme, ou plus exactement la boule de feu ou de pierreries, est le disque solaire des Égyptiens, la pierre verte est la bague avec un chaton de *mafak*, c'est-à-dire malachite, que les Égyptiens aimaient si fort, et ainsi de suite.

Ici encore, le document ancien du morceau est exact et provient d'une source antique ; la prédominance des théories magiques a dénaturé le sens et transformé le décor de la scène[3].

Avant de finir cette étude, je citerai un fait rapporté par Maçoudi, étonnant, non en lui-même, mais pour avoir été connu de cet auteur. Ce fait est le suivant :

Maçoudi dit : « Les Berbah du Saïd, c'est-à-dire les temples de la Haute-Égypte et des autres provinces, existent encore. On y voit différentes figures qui, lorsqu'elles sont représentées sur certains objets, exécutent réellement les influences fixées et déterminées par les Égyptiens d'après leurs sciences des lois générales de la nature. Dieu sait la vérité[4]. »

1. MASPÉRO, *Journal des Savants*, mar 1899, p. 169.
2. CLÉMENT d'Alexandrie, VI, p. 196.
Aujourd'hui aussi, dans certaines processions que des particuliers font à l'occasion de leurs noces, on voit des artisans : forgerons, charpentiers, bateliers, etc., qui exercent leur métier pendant que le cortège est en marche.
3. MASPÉRO, *Journal des Savants*, mars 1899, p. 169.
4. MAÇOUDI, *Les Prairies d'or*, t. II, p. 400-401. Édit. de Paris 1863.

En effet, les temples, les tombeaux et les stèles funéraires nous montrent des scènes de la vie journalière représentées en sculpture ou en peinture. Ces scènes présentent le défunt assis ou debout, seul ou accompagné des siens, devant une table d'offrandes chargée d'aliments ; elles sont quelquefois suivies de la représentation des domaines tels que champs, barques, récoltes, élevage de bestiaux, d'oiseaux et aussi d'autres dessins d'agrément tels que : chasse, pêche, sortie en pompe, etc.

D'après la théologie égyptienne, ces images d'offrandes et d'autres scènes devenaient réelles et assimilables pour le défunt par la vertu magique d'une opération appelée Màkherou [1].

Nous clôturerons notre dernier sujet par un rapprochement des coutumes actuelles, se rapportant à la distribution des aumônes en faveur des morts, d'avec celles des anciennes coutumes égyptiennes de même nature.

On sait que sous l'ancien Empire, on gravait les offrandes sur les stèles avec une fausse porte au milieu pour que l'âme puisse entrer et sortir quand elle voulait pénétrer dans sa momie, et, à la destruction de celle-ci, dans l'une des statues ou statuettes déposées à côté du mort [2]. La momie ou la statue appelée Ka, c'est-à-dire double, se ranimait suivant le rituel du sacrifice funéraire et jouissait de la vie en prenant possession des offrandes. Plus tard, on ne représentait plus la porte, et la stèle funéraire devint une simple table de pierre ou de bois portant une inscription où l'on priait l'une des divinités funéraires telles que Osiris, Anubis, Ptah-Sokar-Osiris, Osiris-Xent-Amenti, Isis, Nephthys, etc., de faire parvenir les offrandes au défunt et représentant celui-ci en possession de l'envoi déposé devant lui.

De nos jours, partout, et surtout en Égypte, les épitaphes ont remplacé les stèles commémoratives. A l'époque du christianisme, on y gravait une croix accompagnée de prières au nom du défunt ; à l'époque de l'islamisme, celles-ci furent remplacées par un ou plusieurs

1. *Guide du Musée de Guizeh*, p. 3, 6.

2. Ces statuettes s'appellent Osebti, nom dérivé du verbe [hiéroglyphes] *Oseb*, en arabe *Agaba*, répondre. C'est qu'en effet, elles sont les répondantes à l'appel qu'on fait dans l'autre monde au mort pour exécuter quelques travaux d'agriculture funéraire exigés par le dieu Osiris.

versets du Coran ou une pièce poétique dans laquelle on souhaitait au défunt le salut et la paix.

De même pour le naos qui recevait des divinités égyptiennes ; il fut remplacé à l'époque chrétienne par le porche d'église arrondi ou surmonté d'un fronton triangulaire. Sous le porche, on gravait soit l'image du défunt ou d'un saint, soit une décoration mystique, une rosace, une série d'ornements géométriques[1].

A l'époque musulmane, ce porche a été substitué à un autre qui dans la forme ne varie pas du précédent et qui reçoit également quelques ornements fantastiques.

On le voit posé dans toutes les mosquées pour indiquer le Kibleh et pour recevoir l'Imam au moment de la prière.

En outre, pendant les fêtes funéraires, les parents des morts font, à la place des anciennes offrandes, des aumônes en numéraire et en nature telles que, galettes, pains, fruits frais ou secs, etc., etc. La religion recommande de faire l'aumône aux pauvres et à toute personne qui en demande pour que Dieu donne la paix aux morts. Nous voici donc amenés à constater que l'usage funéraire en vigueur dans l'Égypte moderne tire son origine de l'antiquité.

Ahmad Kamal,
Conservateur-adjoint au Musée du Caire.

1. *Guide du Musée du Caire*, 1902, p. 127-128.

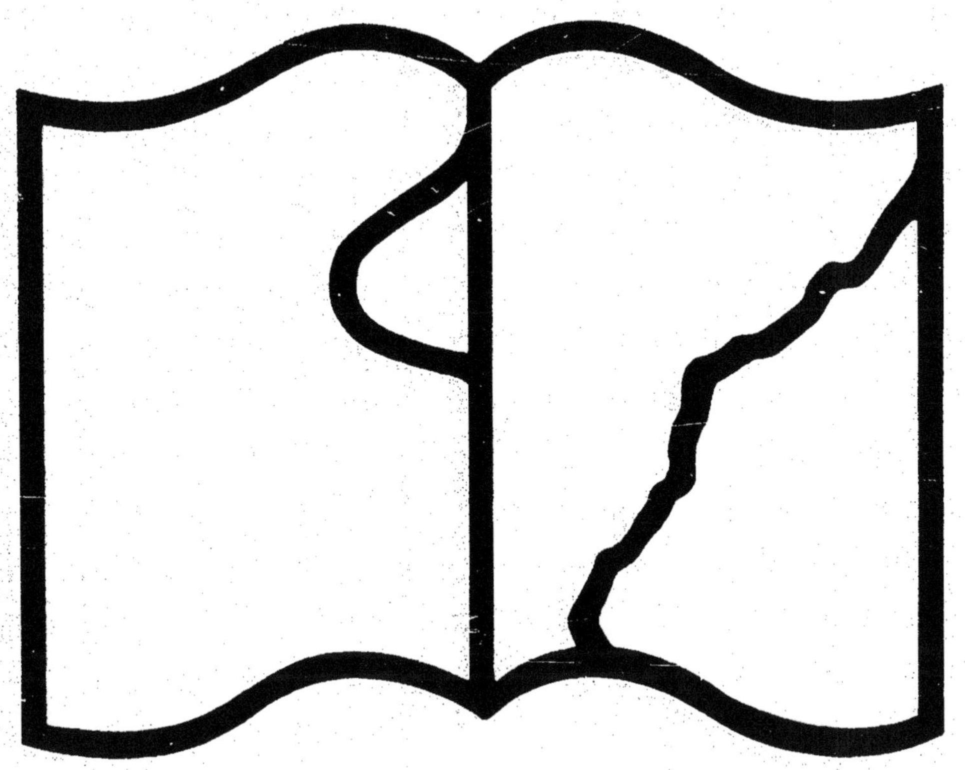

Texte détérioré — reliure défectueuse

NF Z 43-120-11

www.ingramcontent.com/pod-product-compliance
Ingram Content Group UK Ltd.
Pitfield, Milton Keynes, MK11 3LW, UK
UKHW020355250726
13967UKWH00005B/2303

9 782012 855663